einfach lesen!

Mehr als ein Spiel

Ein Leseprojekt
zum Roman von
Sigrid Zeevaert

erarbeitet von
Dorit Kock-Engelking

Illustrationen von
Oleg Assadulin

Cornelsen

einfach lesen!

Originalausgabe: Mehr als ein Spiel, © Sigrid Zeevaert. Dieses Werk wurde von der Agentur Brauer (Agentin Ulrike Schuldes) vermittelt.

Redaktion: translatrix – Michélle Pyka, Wuppertal
Umschlaggestaltung: Corinna Babylon, Berlin
Layoutkonzept: klein & halm, Berlin
Layout und technische Umsetzung: PER MEDIEN & MARKETING GmbH
Illustrationen: Oleg Assadulin und Matthias Pflügner: Umschlag, S. 58;
Matthias Pflügner: S. 66, 77, 83

www.cornelsen.de

1. Auflage, 1. Druck 2024

Alle Drucke dieser Auflage sind inhaltlich unverändert
und können im Unterricht nebeneinander verwendet werden.

Druck: H. Heenemann, Berlin

ISBN 978-3-06-061072-3

PEFC
PEFC/04-31-1156

PEFC zertifiziert
Dieses Produkt stammt aus nachhaltig bewirtschafteten Wäldern und kontrollierten Quellen.

www.pefc.de

Inhaltsverzeichnis

Kapitel 1: Von einem Fernglas .... Seite 5
Aufgaben .... Seite 8
Haltepunkt: gemeinsam arbeiten .... Seite 11

Kapitel 2: Von einer Verabredung .... Seite 13
Aufgaben .... Seite 16

Kapitel 3: Von großem Ärger .... Seite 20
Aufgaben .... Seite 24

Kapitel 4: Von einer Suchanzeige .... Seite 27
Aufgaben .... Seite 30

Kapitel 5: Von einer Drohung .... Seite 33
Aufgaben .... Seite 37

Kapitel 6: Von einem Geheimbaum .... Seite 41
Aufgaben .... Seite 45

Kapitel 7: Von einem Diebstahl .... Seite 48
Aufgaben .... Seite 52

Kapitel 8: Von einer Schlägerei .... Seite 54
Aufgaben .... Seite 57
Haltepunkt: gemeinsam arbeiten .... Seite 60

Kapitel 9: Von einer Entdeckung .... Seite 62
Aufgaben .... Seite 66

Kapitel 10: Von einem Plan .... Seite 70
Aufgaben .... Seite 74

Kapitel 11: Von einer Plan-Änderung .... Seite 78
Aufgaben .... Seite 81

Kapitel 12: Von einer Verfolgung .... Seite 84
Aufgaben .... Seite 87

Kapitel 13: Von Pittis Rettung .... Seite 90
Aufgaben .... Seite 93

Kapitel 14: Von einer Feier .... Seite 97
Aufgaben .... Seite 100
Haltepunkt: gemeinsam arbeiten .... Seite 103

Partnerarbeit

Gruppenarbeit

Klassengespräch

Audio Höre den Text in der **App**.

Kapitel 1:
Von einem Fernglas

Audio

Frieda hatte es nicht eilig, nach Hause zu gehen. Erstens hatte sie noch Ferien und zweitens wartete zu Hause niemand auf sie. Mama und Papa kamen erst gegen fünf Uhr von der Arbeit zurück. Nur ihr älterer Bruder Bastian war vielleicht schon da. Doch der wartete sicher nicht auf Frieda. Der war manchmal sogar richtig gemein zu ihr.

Schade, dass Bastian nicht wie Annas Bruder ist, dachte Frieda. Der ist immer nett. Obwohl er auch älter als seine Schwester ist und Pickel hat.

Seit Bastian Pickel bekommen hatte, war er oft schlechter Laune. Er meckerte ständig mit Frieda. Auch mit den Eltern hatte er häufig Streit. Bastian wollte sich von ihnen einfach nichts mehr sagen lassen.

Frieda seufzte. Sie vermisste ihre Freundin Anna, die vor einer Woche nach Australien gezogen war. Frieda fühlte wieder diesen Stich in der Brust. Den bekam sie immer, wenn sie an ihre beste Freundin dachte. Doch Anna war jetzt für immer fort. Und Australien lag am anderen Ende der Welt, also sehr weit weg. Dort war nicht mal dieselbe Tageszeit. Wenn in Deutschland Tag war, dann war in Australien Nacht. Wenn Frieda schlief, dann ging Anna in die Schule.

An Annas Abreisetag hatte Frieda geheult wie verrückt. Sie wusste schließlich nicht mal, ob sie die Freundin jemals wiedersah. Und so eine Freundin wie Anna fand Frieda wahrscheinlich nie mehr.

Frieda bog um die Ecke. Gegenüber lehnten zwei Jungen an einer Hauswand. Sie rauchten. Der eine Junge rief: „He! Ist was? Warum guckst du so blöd?“

Frieda rief zurück: „Ich gucke nicht blöd!“

Sie streckte den beiden die Zunge heraus, weil ihr nichts Besseres einfiel.

Der andere rief: „Hey! Die Kleine wird frech!“

Friedas Herz klopfte. Sie ging schneller.

Die Jungen riefen: „Pass bloß auf!“

Frieda sagte nichts mehr. Sie ging einfach weiter.

Nachdenklich kam sie zu Hause an. Sie schloss die Wohnungstür auf und lauschte. Alles war still. Also war Bastian nicht zu Hause. Manchmal fand sie es schön, allein zu Hause zu sein. Dann konnte sie in aller Ruhe in der Wohnung herumstöbern, ohne dass es jemand merkte und schimpfte.

Frieda ging in Bastians Zimmer. Er hatte sich eine neue Musikanlage gekauft. Frieda drückte ein paar Tasten. Bastian bekam bestimmt einen Wutanfall, wenn er das merkte.

Neugierig schlenderte sie durch das Zimmer. Da fiel ihr Blick auf ein Regal. Bastians Fernglas lag darin. Sie nahm es und sah hindurch. Aber sie konnte kaum etwas erkennen. Alles sah verschwommen aus. Im Zimmer waren die Dinge alle viel zu nah. Sie wollte das Fernglas gern unten auf der Straße ausprobieren. Sie konnte es ja mal kurz ausleihen. Danach würde sie es sofort wieder an seinen Platz legen.

Fortsetzung folgt

1. In der Geschichte geht es um ein Mädchen.
   Wie heißt es? Beantworte die Frage mit einem vollständigen Satz.

   Das Mädchen ______________________________

   ____

2. Welche Personen leben mit dem Mädchen zusammen in einer Wohnung?
   Kreuze an.
   Tipp: Lies noch einmal Seite 5.

   ☐ die Mama ☐ der Papa ☐ die Oma

   ☐ der Opa ☐ die Schwester ☐ der Bruder

3. Das Mädchen hat einen Bruder.
   Was erfährst du über ihn?
   Ergänze den Lückentext.

   Der Bruder heißt ______________ (Bernd / Bastian).

   Er ist ______________ (älter / jünger) als Frieda und

   hat ______________ (Falten / Pickel). Manchmal ist Friedas Bruder

   richtig ______________ (gemein / freundlich) zu ihr.

4. Frieda hat eine beste Freundin.
   Was erfährst du über sie?
   a) Verbinde die Satzteile so,
      dass die Aussagen stimmen.

Friedas Freundin heißt	Anna nie mehr wieder.
Anna ist	Anna.
Vielleicht sieht Frieda	nach Australien gezogen.

   b) Überlege dir eine Überschrift für die Aussagen.
      Schreibe die Überschrift in dein Heft.
   c) Schreibe dann die vollständigen Sätze unter
      die Überschrift.

5. Auf dem Heimweg trifft Frieda zwei Jungen.
   Was passiert? Streiche die falsche Aussage durch.

Frieda und die Jungen ärgern sich gegenseitig.

Frieda findet neue Freunde.

Die Jungen drohen Frieda.

Frieda hat Angst vor den Jungen.

6. Frieda nimmt das Fernglas von ihrem Bruder.

a) Lies im Sachtext, was ein Fernglas ist.
Du kannst dir den Text auch anhören. Audio

Was ist ein Fernglas?

Ein Fernglas hält man direkt vor beide Augen und schaut hindurch. **Durch ein Fernglas sieht man** weit **entfernte Dinge** sehr **nah** und erkennt sie genauer.

b) Wozu kannst du ein Fernglas benutzen?
Sind die Sätze richtig oder falsch?
Kreuze an.

	richtig	falsch
Mit einem Fernglas kann ich Menschen beobachten, die weit entfernt sind.	☐	☐
Mit einem Fernglas kann ich eine kleine Blume in meiner Hand genau betrachten.	☐	☐
Mit einem Fernglas kann ich Tiere erkennen, die weit entfernt sind.	☐	☐
Mit einem Fernglas kann ich Fotos von entfernten Dingen machen.	☐	☐

Haltepunkt: gemeinsam arbeiten

1. Frieda möchte sich Bastians Fernglas ausleihen. Bastian ist nicht zu Hause. Sie kann ihn also nicht fragen. Was sollte sie eurer Meinung nach tun? Sprecht darüber. Vervollständigt dann den Satz.

Frieda sollte ____

____

____.

2. Frieda geht in Bastians Zimmer und drückt die Tasten seiner Musikanlage. Danach nimmt sie sein Fernglas mit. Wie findet ihr Friedas Verhalten? Sprecht darüber.

3. Stellt euch die folgende Situation vor: Bastian kommt nach Hause und merkt, dass Frieda die Musikanlage benutzt und das Fernglas genommen hat.

a) Bereitet ein Rollenspiel vor: Frieda bittet Bastian um Entschuldigung.

- Entscheidet, wer Bastian und wer Frieda spielt.
- Überlegt: Was sagt Bastian? Was sagt Frieda?
- Schreibt das Gespräch auf. Die Wortgruppen im Kasten können euch helfen.

meine Sachen – nicht anfassen – ohne zu fragen – hatte Langeweile – wollte ausprobieren – nicht in mein Zimmer gehen – war nicht richtig – tut mir leid – nicht noch einmal machen

Ihr könnt so anfangen:

Bastian: Es sind meine Sachen! ...

b) Spielt euer Gespräch in der Klasse vor oder lest es vor.

c) Sprecht in der Klasse über eure Gespräche:

- Ist die Entschuldigung deutlich?
- Was könntet ihr noch verbessern?

4. Frieda ist traurig, weil ihre beste Freundin Anna weit weggezogen ist.

a) Wozu sind gute Freundinnen und Freunde da? Schreibe auf drei Zettel jeweils eine Antwort.

b) Vergleicht eure Antworten. Sortiert doppelte Antworten aus.

c) Lest eure Antworten in der Klasse vor und heftet eure Zettel an die Tafel.

5. Sprecht über die Zettel mit den Antworten:

- Welche Antworten kommen oft vor?
- Welche Antworten sind besonders wichtig für euch?

Kapitel 2: Von einer Verabredung

Audio

Schnell lief Frieda die Treppe hinunter auf die Straße. Sie hielt sich das Fernglas vor die Augen. Alles war auf einmal ganz nah, zum Beispiel der Park. Sie sah einen Jungen auf einem Mofa. Er fuhr den breiten Weg am Park entlang. Am Lenker hatte er eine Tüte. Plötzlich hielt der Mofafahrer an und wartete. Kurz darauf erschien noch ein Junge. Er steckte schnell etwas in die Tüte des Mofafahrers, der danach sofort weiterfuhr.

„Suchst du etwas?“, fragte plötzlich jemand hinter Frieda.

Erschrocken drehte sie sich um.

Ein Junge mit Kappe stand da und grinste.

„Nein“, sagte Frieda schnell. „Ich gucke nur so.“

„Ist das dein Fernglas?“, fragte der Junge.

„Sozusagen.“

„Nicht schlecht“, murmelte er. „Zeig mal!“

Frieda gab ihm das Fernglas. Der Junge sah hindurch, pfiff durch die Zähne und sagte:

„Kannst du es mir für eine halbe Stunde leihen? Du kriegst es auch bestimmt wieder zurück.“

Er hob feierlich die Hand. „Ich halte, was ich verspreche.“

Frieda sagte: „Nein, das geht nicht, weil ...“

Sie zögerte. „Wozu brauchst du es denn?“

„Das kann ich dir nicht sagen. Das ist geheim.“

Frieda biss sich auf die Lippe. „Also gut“, sagte sie. „Für eine halbe Stunde leihe ich es dir. Aber keine Sekunde länger.“

Der Junge nahm das Fernglas. „Übrigens, ich heiße Tom“, sagte er. „Und du?“

Frieda sah auf die Uhr. Gleich war die halbe Stunde vorbei. Hoffentlich kam Tom auch wirklich zurück. Sie schluckte. Was sollte sie Bastian sagen, wenn Tom das Fernglas nicht zurückbrachte?

Kapitel 2

Wieder sah Frieda auf die Uhr. Nur noch eine Minute ...

„Na“, hörte Frieda Toms Stimme, „was habe ich gesagt?“

Sie drehte sich um und atmete erleichtert auf.

„Ich wusste sowieso, dass du kommst“, sagte sie.

Tom grinste.

Frieda grinste auch. „Und? Hast du gesehen, was du sehen wolltest?“, fragte sie.

Tom schüttelte den Kopf. „Leider nicht. Dabei wäre es wichtig gewesen. Ziemlich wichtig sogar.“

„Und wenn du es noch mal versuchst?“ Frieda zögerte, bevor sie weitersprach. „Ich könnte dir das Fernglas ja auch bis morgen leihen.“

Tom sah sie an. „Das würdest du tun?“

„Na ja ...“ So ganz sicher war sie sich nicht. Aber Tom schien ehrlich zu sein. Und Bastian merkte wahrscheinlich auch bis morgen nichts. Also sagte sie schnell: „Ja, doch.“

„Danke!“ Tom nickte ihr zu.

Die beiden verabredeten sich für den nächsten Mittag, Punkt zwei Uhr an derselben Stelle.

Vielleicht erzählt er mir ja morgen, was so wichtig und geheim ist, dachte Frieda.

Sie war sehr gespannt. Außerdem waren noch Ferien und sie hatte nichts Besseres vor.

Fortsetzung folgt

1. Frieda beobachtet mit dem Fernglas zwei Jungen im Park.

   a) Welches Bild passt zu Friedas Beobachtung? Male das richtige Bild farbig aus. Tipp: Lies noch einmal Seite 13.

   b) Was genau beobachtet Frieda im Park? Schreibe es in eigenen Worten in dein Heft. Beginne so:

Eine interessante Beobachtung

Frieda sieht einen Jungen …

2. Frieda lernt einen Jungen kennen.
   Was hast du über den Jungen erfahren?
   Vervollständige die Sätze.
   Tipp: Lies noch einmal Seite 14.

   Der Junge heißt ______________.

   Er trägt eine ________________ auf dem Kopf.

   Der Junge möchte sich das ______________________

   ausleihen.

3. Frieda leiht einem Jungen etwas, das ihr
   nicht selbst gehört.
   Sie kennt den Jungen auch noch nicht lange.
   Wie findest du Friedas Verhalten?
   a) Welche der Adjektive (Wiewörter) passen?
      Kreise sie ein.

großzügig

klug

sorglos

leichtsinnig

unvorsichtig

freundlich

mutig

vorsichtig

b) **Begründe deine Meinung.**
Ergänze den Satz.

Ich finde Friedas Verhalten ______________________,

weil ____

____

____.

4. Wie hättest du dich an Friedas Stelle verhalten? Kreuze an.

- ☐ Ich hätte Tom das Fernglas nicht geliehen.
- ☐ Ich hätte Tom das Fernglas nur kurz geliehen.
- ☐ Ich hätte Tom das Fernglas auch länger geliehen.
- ☐ Ich hätte Tom das Fernglas geliehen, aber ich hätte mir seine Adresse aufgeschrieben.

5. Frieda leiht Tom das Fernglas zuerst nur kurz. Wie lange genau leiht sie es ihm beim ersten Mal? Tipp: Lies noch einmal auf Seite 14 die Zeile 29.

Frieda leiht Tom das Fernglas beim ersten Mal

für ____.

6. Frieda leiht Tom das Fernglas beim zweiten Mal bis zum nächsten Tag. Warum?

a) Zwei Gründe stehen in den Kästen unten.
Schreibe Sätze auf die Linien.
Tipp: Am Ende eines Satzes steht ein Punkt.

möchte – Frieda – wiedersehen – Tom

Frieda ______________________________

____

möchte – Sie – erleben – etwas – Aufregendes

Sie ______________________________

____

b) Welche Gründe hat Frieda noch?
Ergänze die Sätze.
Tipp: Lies noch einmal Seite 15.

Frieda glaubt, dass Bastian ______________________________

____

______________________________.

Außerdem sind Ferien und sie hat ______________________________

______________________________.

Kapitel 3: Von großem Ärger

Audio

Längst war zwei Uhr vorbei. Frieda stand immer noch da und konnte es nicht glauben: Tom war nicht gekommen. Er brachte das Fernglas diesmal nicht zurück, obwohl er es versprochen hatte. Hatte er sie angelogen? Oder war ihm etwas dazwischengekommen? Hoffentlich war ihm nichts passiert. Bastian würde vor Wut toben, wenn das Fernglas weg war. Die Gedanken rasten Frieda nur so durch den Kopf.
Frieda ging über die Straße und in den Park.

Plötzlich blieb sie stehen. Schon von Weitem erkannte sie Tom. Er saß auf einem Fahrrad und redete mit zwei Jungen.

Frieda erschrak. Die beiden kannte sie doch!

Es waren die rauchenden Jungen von gestern.

Frieda bekam weiche Knie. Doch sie nahm allen Mut zusammen und ging zu Tom hinüber.

„Wo ist mein Fernglas?“, fragte sie.

Tom sah sie an und zuckte mit den Schultern. Er tat so, als ob er Frieda gar nicht kannte.

„Keine Ahnung, was die meint“, sagte er und grinste die beiden Jungen an.

„Aber ich habe es dir doch gestern geliehen!“

Frieda wurde wütend.

Tom verzog keine Miene.

Einer der beiden Jungen sagte: „Hau ab! Du störst.“

Der andere Junge machte einen Schritt auf sie zu.

Schnell drehte sich Frieda um und ging.

Sie hörte den Jungen noch rufen: „Sei demnächst lieber vorsichtiger – und steck deine Nase nicht in Sachen, die dich nichts angehen! Das kann wehtun, verstanden?“

Als Frieda zu Hause ankam, war Bastian schon da. Er stand in der Wohnzimmertür.

„Hör mal, du kleiner Furz“, sagte er böse. „Ich vermisse mein Fernglas. Hast du es genommen?“

Frieda schüttelte den Kopf.

„Denk mal scharf nach!“, sagte Bastian und zog sie ins Wohnzimmer, wo die Eltern saßen. „Gestern lag es noch im Regal. Es kann sich ja nicht in Luft aufgelöst haben.“

Frieda schluckte. „Ich habe es nicht“, sagte sie.

Bastian baute sich vor ihr auf.

„Also gut. Ich hatte es ...“, begann sie. „Aber dann habe ich es verliehen und ...“ Sie zögerte. „Und jetzt ist es weg.“

„Du hast es verliehen?“, schrie Bastian. „Mein teures Fernglas hast du einfach verliehen? Und jetzt ist es weg?“ Da mischten sich auch die Eltern ein. „Ist das wahr?“, fragte Friedas Vater entsetzt. Frieda schossen die Tränen in die Augen. Sie sah zu Boden. „Du sorgst dafür, dass Bastian sein Fernglas zurückbekommt“, sagte Friedas Mutter. „Oder du kaufst ihm ein neues.“ Bastian nickte. „Es hat 300 Euro gekostet.“

An diesem Abend ging Frieda früh ins Bett. Sie wollte sich am liebsten nur noch verkriechen. Doch einschlafen konnte sie nicht. Immer wieder musste sie an Tom und die beiden Jungen denken – und an das Fernglas. Wo sollte sie 300 Euro herbekommen? Frieda stand auf und leerte ihre Spardose. Es waren nur 57 Euro darin. Also gab es nur zwei Möglichkeiten: Entweder sie fand zufällig irgendwo Geld oder Tom gab ihr das Fernglas doch noch zurück. Schließlich beschloss sie, sich auf keinen Fall von Tom einschüchtern zu lassen. Frieda gab nicht cinfach auf.

Fortsetzung folgt

1. Tom hat das Fernglas nicht zurückgebracht. Was tut Tom, als Frieda ihn darauf anspricht? Streiche die falschen Sätze durch.

Tom entschuldigt sich und gibt Frieda das Fernglas zurück.

Tom fragt, ob er das Fernglas noch etwas länger behalten kann.

Tom tut so, als ob er Frieda gar nicht kennt und von dem Fernglas nichts weiß.

2. Einer der Jungen im Park sagt zu Frieda:

„Sei demnächst lieber vorsichtiger – und steck deine Nase nicht in Sachen, die dich nichts angehen! Das kann wehtun, verstanden?“

Was will der Junge damit wohl erreichen? Kreuze die passenden Antworten an.

☐ Der Junge will Frieda helfen.

☐ Der Junge will Frieda Angst machen.

☐ Der Junge will, dass Frieda ihm hilft.

☐ Der Junge will, dass Frieda sich nicht mehr einmischt.

3. Frieda gesteht Bastian und den Eltern, dass sie das Fernglas verliehen hat. Wie reagieren Bastian, Friedas Mutter und Friedas Vater? Ergänze die passenden Wortgruppen.

schreit Frieda an – fragt Frieda, ob das wahr ist – sagt Frieda, was sie tun soll

Bastian ______________________________.

Der Vater ______________________________

______________________________.

Die Mutter ______________________________

______________________________.

4. Frieda braucht Geld, wenn sie Bastian ein neues Fernglas kaufen will. Ergänze die richtigen Zahlen. Tipp: Lies noch einmal Seite 23.

Das Fernglas kostet ________ Euro.

Frieda hat ________ Euro gespart.

Frieda fehlen ________ Euro für ein neues Fernglas.

5. Wie fühlen sich Frieda, Bastian und die Eltern wohl bei ihrem Gespräch?
Verbinde die passenden Satzteile.

Frieda	ist wütend.
Bastian	sind enttäuscht.
Die Eltern	schämt sich.

6. Spielt das Gespräch zwischen Frieda, Bastian und den Eltern.
Geht so vor:

- Bildet Vierer-Gruppen.
- Verteilt in eurer Gruppe die vier Rollen:
  Frieda, Bastian, Mutter und Vater.
- Markiert im Text auf den Seiten 22 und 23, was die Personen sagen.
  Nehmt dafür unterschiedliche Farben.
- Schreibt nun auf, welche Person was sagt.
  Überlegt dabei auch:
  Wie ist die Stimme der Person?
  Welchen Gesichtsausdruck hat die Person?
- Spielt euer Gespräch in der Klasse vor oder lest es vor.

Kapitel 4: Von einer Suchanzeige

Audio

Am nächsten Morgen ging Frieda schon früh in den Park, um Tom zu suchen. Aber Tom war nicht dort. Und er kam auch später nicht.

Frieda lief den ganzen Vormittag ziellos durch die Gegend. Sie war ratlos. Was konnte sie denn nur tun?

Schließlich ging Frieda nach Hause. In der Küche fiel ihr Blick auf das Portmonee ihrer Mutter.

Erst zögerte Frieda, doch dann öffnete sie es. Über 200 Euro waren darin! Ihr Herz schlug schneller. Zusammen mit dem Geld aus ihrer Spardose waren das fast 300 Euro. Wenn sie das Geld aus dem Portmonee nahm, musste sie Tom nicht länger suchen. Davon konnte sie ein neues Fernglas kaufen. Nein! Frieda klappte das Portmonee wieder zu. Sie war keine Diebin. Irgendwie musste sie es anders schaffen. Sie musste Tom finden und das Fernglas zurückverlangen. Plötzlich hatte sie eine Idee.

Am Nachmittag hängte Frieda den ersten Zettel an einem Baum auf. Darauf stand: „Ich suche Tom, weil er mir noch etwas schuldet. Wer mir weiterhilft, bekommt eine Belohnung. Bitte melde dich bei Frieda Voss.“ Dann kam die Telefonnummer von ihren Eltern. Ein Handy hatte Frieda ja nicht. Zehn Zettel hatte Frieda geschrieben. Sie verteilte sie in der Gegend. Manche Leute fanden so ihre verlorene Katze wieder. Vielleicht hatte sie ja auch Glück und fand mit der Suchanzeige Tom. Als Frieda wieder zu Hause war, ging sie vor dem Telefon auf und ab. Aber es blieb still. Schließlich verließ sie der Mut. Wahrscheinlich war die Suche sowieso vergeblich.

Selbst wenn sie Tom fand, hieß das noch gar nichts. Vielleicht behauptete er weiter, nichts von dem Fernglas zu wissen.
Plötzlich klingelte das Telefon.
Mit klopfendem Herzen meldete sich Frieda.
„Hier ist Tom."
„Tom?", fragte sie überrascht.
„Ja, ich bins", sagte er. „Wahrscheinlich glaubst du mir nicht mehr. Aber ich sage dir die Wahrheit. Ich musste vor Benno und Sven so tun, als wäre mir dein Fernglas egal. Das kann ich dir jetzt nicht erklären. Aber ich werde es zurückholen. Das verspreche ich!"
Bevor Frieda etwas sagen konnte, hatte Tom aufgelegt.
Merkwürdig, dachte sie. Aber Tom hatte versprochen, das Fernglas zurückzubringen.
Sie fühlte sich etwas besser.

Am nächsten Abend klingelte das Telefon erneut.
Frieda rannte hin.
„Hallo!", sagte eine Stimme. Diesmal war es nicht Tom. „Ich habe deinen Zettel gelesen. Misch dich nicht in Sachen ein, die dich nichts angehen. Tom schuldet dir gar nichts. Ist das klar?"
Frieda schluckte. Sie sagte nichts.

Fortsetzung folgt

1. Frieda findet das Portmonee von ihrer Mutter. Es ist viel Geld darin. Damit hätte Frieda genug Geld für ein neues Fernglas.

   a) Was denkt Frieda?
   Ergänze die Denkblase.
   Tipp: Lies noch einmal Seite 28.

Nein! Ich bin ____________________.

Irgendwie muss ich es ____________

____________________.

   b) Warum nimmt Frieda das Geld nicht?
   Schreibe eine Vermutung auf.
   Du kannst einen der Vorschläge auswählen.

will die Mutter nicht enttäuschen –
will kein Geld stehlen –
will nicht alles noch schlimmer machen

Frieda nimmt das Geld nicht, denn sie ____________

____

____

____.

2. Frieda beschriftet zehn Zettel, die sie in der Gegend aufhängt.
   Was steht auf den Zetteln?
   Markiere die passende Stelle im Text.
   Tipp: Lies noch einmal Seite 28.

3. Tom ruft Frieda an. Was sagt er?
   Ergänze die Sprechblase.
   Tipp: Lies noch einmal Seite 29.

Ich musste vor ____________________

____________________ so tun, als wäre mir

dein Fernglas egal. Das kann ich dir

jetzt ____________________.

Aber ich werde ____________________

____________________.

Das ____________________ ich!

4. Wie fühlt sich Frieda nach Toms Anruf?
   Kreise die passenden Adjektive (Wiewörter) ein.

erleichtert ängstlich besser

hoffnungsvoll hilflos

5. Am nächsten Abend ruft noch jemand Frieda an.
   a) Was sagt der Anrufer zu Frieda?
   Lies noch einmal Seite 29.
   Markiere die passende Stelle.
   b) Frieda weiß nicht, was sie dem Anrufer antworten soll. Was könnte sie sagen?
   Schreibe es in die Sprechblase.

Wer spricht ____________________

c) Sprecht darüber:
   Wer war vielleicht der fremde Anrufer?
   Schreibt eure Vermutung auf.

Der Anrufer war ____________________

____________________.

Kapitel 5:
Von einer Drohung

Audio

Die Ferien waren vorbei. In der Schule gefiel es Frieda ohne ihre Freundin Anna nicht so richtig. Traurig saß sie auf ihrem Platz. Der Stuhl neben ihr war frei. Hier hatte Anna gesessen. Da betrat die Lehrerin den Klassenraum. Sie stellte den Kindern ein neues Mädchen vor.

„Das ist Lisa“, sagte die Lehrerin. „Lisa ist in den Sommerferien umgezogen. Sie ist neu in der Stadt. Seid nett zu ihr. Sie kennt noch niemanden hier.“ Lisa bekam den Platz neben Frieda. Frieda betrachtete Lisa während der Stunde immer wieder heimlich von der Seite. Da klingelte es zur Pause. „Wenn du willst, dann gehe ich zusammen mit dir auf den Schulhof“, sagte Frieda. Lisa nickte. Der erste Schultag fängt gar nicht so schlecht an, dachte Frieda.

„Kommst du heute Nachmittag zu mir?“, fragte Lisa, als die Schule aus war. Frieda war einverstanden und Lisa beschrieb ihr den Weg. Dann gingen sie beide in unterschiedliche Richtungen davon. Plötzlich sah Frieda zwei Jungen auf der Straße. Es waren Benno und Sven. Die Namen hatte Tom ihr am Telefon genannt. Schnell wechselte sie die Straßenseite, aber Benno und Sven wechselten auch die Seite. Frieda bekam weiche Knie. „Guck mal, Benno!“, rief Sven. „Da ist ja die Kleine, die sich immer in Sachen einmischt, die sie nichts angehen.“ „Genau“, stimmte Benno zu. „Und sie behauptet, dass alle möglichen Ferngläser ihr gehören!“

Die beiden kamen immer näher. Zum Wegrennen war es zu spät.

Benno packte Frieda am Arm. Sven fasste sie am Kinn an. „Hast du Geld dabei?“, fragte er.

„Nein, ich ...“ Frieda schnappte nach Luft.

„Das heißt, ja“, sagte sie dann.

„Dann her damit, aber schnell!“, zischte Sven.

Frieda zog drei Euro aus ihrer Hosentasche.

„Ist das alles?“, fragte Sven.

Sie nickte.

„Beim nächsten Mal reicht das aber nicht.“

Benno griff noch mal kurz fest zu.

„Ich warne dich“, sagte Sven, „wehe, wenn du uns verrätst!“ Dann rannten sie weg.

Frieda lief aufgeregt nach Hause. Ob Bastian schon da war? Dann fragte er sie sicher wieder nach seinem Fernglas.

Doch die Wohnung war leer. Deshalb machte sich Frieda bald auf den Weg zu Lisa. Sie mochte jetzt nicht allein sein. Unterwegs hatte sie ein mulmiges Gefühl.

Doch später bei Lisa kam sie auf andere Gedanken.

Sie blieb fast den ganzen Nachmittag bei ihr.

Lisa wohnte mit ihrer Mutter allein. Ihre Eltern waren getrennt. Lisa hatte keine Geschwister.

Aber sie hatte ein Meerschweinchen. Frieda wünschte sich auch ein Haustier. Aber sie hatte ja nur einen Bruder. Erst als Frieda nach Hause musste, fielen ihr Benno und Sven wieder ein. Sie erzählte aber niemandem von den beiden.

Wie immer kam Frieda am nächsten Morgen auf ihrem Schulweg auch an der anderen großen Schule in ihrem Viertel vorbei. Plötzlich sah sie Tom auf dem Schulhof. Sie winkte, aber er winkte nicht zurück. Ob Benno oder Sven in der Nähe waren? Schnell ging sie weiter. Frieda fragte sich, was mit dem Fernglas passiert war. Hatten Benno und Sven es Tom abgenommen, so wie ihr die drei Euro? Oder hatte Tom es ihnen freiwillig gegeben? Steckte Tom vielleicht doch mit Benno und Sven unter einer Decke? Auf einmal war sie ganz unsicher. Sie wusste nicht mehr, was sie glauben sollte.

In der Schule war Frieda abgelenkt. Aber sie verabredete sich mit Lisa für den Nachmittag. Ob sie ihr erzählen sollte, was passiert war? Lisa war ja jetzt ihre neue Freundin.

Fortsetzung folgt

1. Eine neue Schülerin kommt in Friedas Klasse.
   Wie heißt sie? Löse das Rätsel, dann weißt du es.
   a) Lies zuerst die Fragen 1 bis 4.
   b) Ergänze die Antworten im Rätsel.
   1. Was hat für Frieda wieder begonnen?
   2. Wie nennt man die schulfreie Zeit?
   3. Wohin will Frieda in der Pause?
   4. Wo sitzt die neue Schülerin?

1. die											
2. die											
3. auf den											
4. auf dem						neben Frieda					

   c) Lies die Buchstaben in den farbigen Kästchen von oben nach unten. Sie ergeben einen Namen. Trage ihn hier ein.

Die neue Schülerin heißt ☐☐☐☐.

2. Frieda fragt sich, ob Tom mit Benno und Sven **unter einer Decke steckt**.
   Was bedeutet der Ausdruck? Markiere.

Frieda fragt sich, ob Tom
- mit Benno und Sven in einem Haus wohnt.
- Benno und Sven heimlich hilft.

3. Benno und Sven bedrohen Frieda und tun ihr weh. Dann verlangen sie Geld von ihr. Das nennt man **Erpressung**.

a) Lies den Sachtext oder höre ihn dir an. Audio

Erpressung

Wenn jemand mit **Gewalt** oder durch **Bedrohung** einen anderen zwingt, Geld oder Dinge abzugeben, ist das **Erpressung**. Erpressung ist **verboten** und kann bestraft werden. Wenn ein Kind erpresst wird, sollte es seinen **Eltern**, der **Polizei** oder der **Lehrerin** oder dem **Lehrer** davon erzählen.

b) Vervollständige nun die Sätze.

erpressen – die Erpresser – strafbar

Benno und Sven ______________________ Frieda.

Sie sind ______________________ .

Eine Erpressung ist ______________________ .

4. Was kann man gegen Erpressung tun?
Eine Schulklasse informiert sich bei der Polizei.
a) Lies das Gespräch.

Ein Gespräch mit der Polizei

eine Schülerin: Was sollen Kinder tun, die bedroht und erpresst werden?
ein Polizist: Sie sollen sofort einem Erwachsenen davon erzählen, am besten auch der Polizei.
ein Schüler: Warum sollen sie das sofort tun?
eine Polizistin: Man muss den Erpresser so schnell wie möglich stoppen. Wenn das nicht passiert, fühlt sich der Erpresser sicher. Dann verlangt er immer wieder Geld oder Wertsachen von seinem Opfer, oft sogar noch mehr als beim ersten Mal.
ein Polizist: Er wird dann immer mächtiger.
eine Schülerin: Oft wird dem Kind aber gedroht, dass ihm etwas Schlimmes passiert, wenn es den Erpresser verrät.
ein Polizist: Das stimmt. Solche Drohungen sollen dem Kind Angst machen. Darum ist es wichtig, den Erpresser der Polizei zu melden. Wir sprechen dann mit ihm.
eine Polizistin: Und wenn er trotzdem weitermacht, kann er auch bestraft werden. Aber in den meisten Fällen hören die Erpresser mit den Drohungen auf, wenn sie wissen, dass die Polizei sie kennt.

b) Beantworte nun die folgenden Fragen zu dem Gespräch auf Seite 39. Schreibe vollständige Sätze auf.

- Was soll ein Kind tun, das erpresst wird?

- Warum muss ein Erpresser schnell gestoppt werden?

5. Wem könnte Frieda von der Erpressung erzählen? Schreibe Stichworte auf.

6. Bildet Vierer-Gruppen.
Lest das Gespräch auf Seite 39.
Entscheidet, wer welche Rolle liest.
Ihr braucht: eine Schülerin, einen Schüler, eine Polizistin und einen Polizisten.

Kapitel 6: Von einem Geheimbaum

Audio

Am Nachmittag besuchte Lisa Frieda zu Hause. Nach einer Weile erzählte Frieda ihr von Tom, dem Fernglas und von Benno und Sven. Es tat ihr gut, endlich mit jemandem zu sprechen. „Klingt ja aufregend“, sagte Lisa. „Ich wollte sowieso mal etwas Spannendes erleben.“ „Na ja“, sagte Frieda und zuckte mit den Schultern.

„Darauf kann ich gut verzichten. Ich weiß gar nicht, was das alles zu bedeuten hat. Du vielleicht?“

Lisa dachte einen Augenblick lang nach. Dann schüttelte sie den Kopf und sagte: „Wir werden es aber bestimmt herausbekommen. Ich helfe dir auch. Ich bin ja jetzt deine Freundin!“

Die beiden lachten und besonders Frieda war froh. Sie fühlte sich nicht mehr allein und alles sah auf einmal nicht mehr so schlimm aus.

Am nächsten Nachmittag trafen sich die Mädchen im Park.

„Komm mit“, sagte Frieda zu Lisa. „Ich zeige dir meinen Geheimbaum.“

Frieda führte Lisa zu einem Baum mitten im Park. Von oben hatte man einen guten Überblick, ohne dass man gesehen wurde. Frieda und Lisa kletterten auf den Baum. Sie hockten da, redeten und lachten und beobachteten die Spaziergänger. Nach einer Weile kam ein kleiner rothaariger Junge auf seinem Fahrrad den Weg entlang. Er fuhr unter dem Baum her. Plötzlich bremste er und sah sich kurz um. Als er wieder losfuhr, fiel eine Tüte zu Boden.

„He!“, wollte Frieda schon rufen. „Du hast etwas verloren!“ Aber im letzten Moment hielt sie sich die Hand vor den Mund. Es war besser, dass ihr

Versteck hier oben im Baum geheim blieb.

„Da war wohl nichts Wichtiges drin“, murmelte Lisa. „Sonst hätte er doch besser aufgepasst.“

Da eilte ein Skater [sprich: Skäiter] heran. Er stoppte unter dem Baum und hob die Tüte auf.

Dann fuhr er weiter.

Frieda und Lisa wunderten sich.

Nach einer Weile kletterten sie aber vom Baum herunter und gingen nach Hause.

Auf dem Schulweg sah Frieda sich am nächsten Morgen immer wieder um. Hoffentlich tauchten Benno und Sven nicht auf und wollten wieder Geld von ihr!

Aber alles ging gut und die Jungen waren nicht zu sehen.

Nach der Schule holten sich Frieda und Lisa ein Eis.

Sie spazierten auf dem Gehweg und redeten über Tom.

Gleich morgen wollten sie vor seiner Schule auf ihn warten und mit ihm sprechen.

Plötzlich stockte Frieda der Atem. Benno und Sven standen vor ihnen. Sie versperrten den Mädchen den Weg.

„Los, Kleine, wir wollen Geld sehen“, sagte Sven zu Frieda. Ein Messer blitzte in seiner Hand.

„Mach schon!“, rief Benno ungeduldig.

Schnell suchte Frieda nach ihrem Kleingeld in der Hosentasche. Sie gab ihm zwei Euro.

„Ist das alles?“, fragte Benno.

Frieda nickte. Ihre Knie waren ganz wackelig.

„Wir machen dich fertig, wenn du uns anlügst“, sagte Sven. Er hielt das Messer hoch.

„Ich habe auch noch zwei Euro“, sagte Lisa schnell und gab sie Benno.

„Gut“, sagte der. Dann trat er noch einen Schritt näher an Frieda heran. „Jetzt wieder zu dir.“

Er packte sie am Arm.

Plötzlich gab Sven ihm ein Zeichen. „Hör auf“, murmelte er. „Da drüben kommt Manni.“

Benno zischte: „Ihr sagt zu niemandem ein Wort, sonst seid ihr dran!“ Er und Sven liefen davon.

Auf der anderen Straßenseite stieg ein Junge von einem Mofa. Das war also Manni. Irgendwo hatte Frieda ihn schon mal gesehen. Er verschwand mit einer Tüte unterm Arm in einem Hof.

Noch nie hatten die Mädchen solche Angst gehabt. Das Messer hatte richtig gefährlich ausgesehen. Am liebsten hätte Frieda ihren Eltern alles erzählt. Aber wenn Lisa und sie etwas sagten, taten Benno und Sven ihnen vielleicht weh. Also beschlossen die Mädchen, über die Sache zu schweigen.

Fortsetzung folgt

1. Frieda und Lisa treffen sich oft.
Was passiert der Reihe nach?
Die Zusammenfassung ist durcheinandergeraten.
a) Nummeriere die Sätze in der richtigen Reihenfolge.

Was Frieda und Lisa erleben

- [ ] Frieda und Lisa gehen in den Park und klettern auf den Geheimbaum.
- [ ] Ein Skater hebt die Tüte auf.
- [1] Frieda erzählt Lisa von der Erpressung durch Benno und Sven.
- [ ] Ein Junge mit roten Haaren lässt unter dem Baum eine Tüte fallen.
- [ ] Lisa und Frieda kaufen sich ein Eis.
- [ ] Als ein Junge auf einem Mofa kommt, verschwinden Benno und Sven.
- [ ] Benno und Sven verlangen Geld und bedrohen die Mädchen.
- [ ] Die Mädchen geben den Jungen Geld.

b) Schreibe die Zusammenfassung richtig in dein Heft. Denke auch an die Überschrift.

2. Ein Skater hebt im Park die Tüte auf.
   Womit fährt ein Skater?
   Male das passende Bild farbig aus.

3. Benno und Sven sind gefährlich.
   Auf welche Weise bedrohen sie Frieda?
   Ergänze die Sätze.
   Tipp: Lies noch einmal die Seiten 22, 35,
   43 und 44.

mit einem Messer – mit Worten – am Arm

Beim ersten Mal drohen Benno und Sven

Frieda ______________________________.

Beim zweiten Mal packen sie Frieda

auch ______________________________.

Dieses Mal bedrohen die Jungen Frieda

noch ______________________________.

4. Wie nennt Sven den Jungen auf dem Mofa?
Streiche die falschen Namen durch.
Tipp: Lies noch einmal Seite 44.

Bernie Manni Ole Matz

5. Frieda hat den Jungen schon einmal gesehen.
Weißt du, wo das war? Kreuze an.
Tipp: Lies noch einmal Seite 13.

- ☐ Frieda hat ihn in der Schule gesehen.
- ☐ Frieda hat ihn vor Toms Schule gesehen.
- ☐ Frieda hat ihn auf dem Weg am Park gesehen.
- ☐ Frieda hat ihn vor Lisas Haus gesehen.

6. Frieda und Lisa sagen niemandem, dass Benno und Sven sie bedrohen.
Warum? Ergänze die Sätze.
Tipp: Lies noch einmal Seite 44.

Frieda und Lisa haben ______________________ davor,

dass Benno und Sven ihnen wehtun.

Deshalb beschließen sie, über die Sache

______________________________.

Kapitel 7: Von einem Diebstahl

Audio

Seit Tagen war Tom verschwunden. Frieda und Lisa standen immer wieder vor seiner Schule und warteten auf ihn, aber er tauchte nie auf. Sie erfuhren schließlich von einem Mädchen, dass Tom krank war.
Frieda und Lisa überlegten, dass etwas passieren musste.

„Zumindest das Fernglas muss endlich wieder her“, sagte Frieda.

Lisa fiel ein, dass sie ja mal im Kaufhaus nachsehen konnten. Vielleicht gab es zufällig ein Fernglas im Sonderangebot.

Die Mädchen fuhren mit der Rolltreppe in den dritten Stock des Kaufhauses.

„He!“, sagte Lisa plötzlich. „Guck mal, den kennen wir doch aus dem Park.“

Ein kleiner rothaariger Junge schlich an einem Regal vorbei. Mal sah es so aus, als würde er etwas suchen. Dann blickte er sich nervös um. Plötzlich griff er nach einer Uhr. Blitzschnell ließ er sie in seiner Hosentasche verschwinden. Dann eilte er davon.

„Der hat ja geklaut!“, stieß Frieda leise hervor.

„Hinterher!“, rief Lisa. Doch so schnell kamen sie nicht vorwärts. Immer wieder mussten sie stehen bleiben, weil so viele Menschen im Kaufhaus waren. Draußen auf der Straße war von dem rothaarigen Jungen nichts mehr zu sehen.

Zu Hause setzte sich Frieda aufs Bett, hörte Musik und dachte nach. Der Rothaarige aus dem Kaufhaus war der Junge, dem im Park die Tüte runtergefallen war. Oder hatte er die Tüte gar nicht verloren? Hatte er sie vielleicht absichtlich fallen lassen? Und der Skater hatte davon gewusst und die Tüte dann abgeholt? Frieda fiel Manni ein, der Junge auf dem Mofa. Der hatte auch eine Tüte dabeigehabt. Plötzlich erinnerte sie sich daran, wann sie Manni schon einmal gesehen hatte. Es war an dem Tag,

als sie Tom kennengelernt hatte. Manni war mit seinem Mofa am Park vorbeigefahren.
Jemand hatte ihm kurz darauf etwas in seine Tüte gesteckt. Das hatte Frieda durch das Fernglas beobachtet.
Vielleicht waren in den Tüten gestohlene Sachen.
Womöglich gehörten Manni, Benno und Sven zu einer Gruppe von Dieben – einer Bande!
Plötzlich dachte Frieda an Tom. Er war bestimmt kein Bandenmitglied. Er tat höchstens so. Sicher wollte er etwas gegen die Bande unternehmen.
Frieda schluckte. Hoffentlich merkten Benno und Sven nichts von Toms Absicht.
Frieda ging im Zimmer auf und ab. Was konnte sie nur tun? Ihre Eltern oder ihre Lehrerin wollte sie nicht um Hilfe bitten. Schließlich wusste sie nicht, ob ihre Vermutungen stimmten.
Frieda steckte sich fünf Euro in die Hosentasche.
Benno und Sven würden auch das nächste Mal bekommen, was sie von ihr verlangten.
Solange sie Benno und Sven Geld gab, taten sie ihr bestimmt nichts.
Frieda wollte zusammen mit Lisa herausfinden, worum es überhaupt ging.
Erst wenn sie Beweise hatten, würden sie der Polizei Bescheid sagen.

Fortsetzung folgt

1. Warum gehen Frieda und Lisa ins Kaufhaus?
   Ergänze den Satz.
   Tipp: Lies noch einmal Seite 49.

Frieda und Lisa ______________________________

____

____

____.

2. Frieda und Lisa beobachten im Kaufhaus einen kleinen Jungen, der eine Uhr stiehlt.
   a) Wie wird jemand genannt, der stiehlt?
      Vervollständige die Sätze.

Ein Junge, der stiehlt, wird D _ _ _ genannt.

Ein Mädchen, das stiehlt, wird _ i e _ i _ genannt.

   b) Woher kennen die Mädchen den Jungen?
      Ergänze den Satz.

Sie haben den Jungen schon einmal

______________________________ gesehen.

vor Toms Schule / im Park

3. Zu Hause denkt Frieda lange nach.
   Was vermutet sie?
   Verbinde die passenden Satzteile.

Kinder stehlen teure Sachen,	im Park einer Bande.
Die Sachen werden	zum Beispiel im Kaufhaus.
Die Kinder geben die Sachen	die Bande unternehmen.
Zu der Bande gehören	in Tüten aufbewahrt.
Tom will etwas gegen	zu der Bande gehört.
Deshalb tut er so, als ob er	Sven, Benno und Manni.

4. Frieda will Benno und Sven weiter Geld geben.
   Kann Frieda ihre Probleme mit den Erpressern auf diese Weise lösen?
   Sprecht darüber. Begründet eure Meinung.

Kapitel 8:
Von einer Schlägerei

Audio

Ein paar Tage später saßen Frieda und Lisa wieder auf dem Geheimbaum im Park. „He“, flüsterte Lisa plötzlich. „Siehst du, wer da kommt?“ Tom näherte sich dem Baum. „Pst!“ Frieda legte den Finger auf den Mund. Denn auf der anderen Seite der Wiese erschienen Benno und Sven. Die drei Jungen gingen aufeinander zu.

Kurz vor dem Baum blieben sie stehen.
Die Gesichter der Jungen sahen sehr ernst aus.
Tom sagte etwas. Plötzlich packten Benno und Sven ihn. Sie schlugen zu. Ihre Fäuste trafen Tom im Gesicht und im Bauch. Tom krümmte sich vor Schmerz. Er versuchte, sich zu wehren.
„Aufhören!“, schrie Frieda. „Ihr sollt aufhören, hab ich gesagt!“
Benno und Sven sahen sich überrascht um, entdeckten die Mädchen aber nicht.
Sie verpassten Tom noch einen letzten Tritt.
Dann liefen sie davon.
Mit zitternden Knien kletterten Frieda und Lisa vom Baum.
„So eine Gemeinheit“, sagte Frieda.
Tom hielt sich ein Taschentuch vor die Nase.
Sie blutete.
„Danke“, murmelte er schließlich und ging.
Als Tom schon nicht mehr zu sehen war, entdeckte Lisa einen zerknitterten Zettel auf dem Boden.
„Autoverwertung Stoffels“ stand darauf.
„Das ist ein Schrottplatz!“ sagte Lisa. „Sollen wir da mal hin?“
Frieda nickte. „Morgen vielleicht? Für heute habe ich nämlich genug erlebt.“
Am Abend lag Frieda im Bett und konnte nicht einschlafen. Sie musste an die Schlägerei denken.

Sie war froh, dass sie Tom geholfen hatte. Aber jetzt war ihre Angst noch gewachsen. Vielleicht hatten Benno und Sven doch gesehen, dass sie und Lisa alles beobachtet hatten. Was, wenn sie sich rächen wollten?

Ob der Schrottplatz etwas mit der ganzen Sache zu tun hatte?

Morgen würden sie vielleicht mehr wissen …

Wenn es nur nicht so gefährlich wäre!

Immerhin hatten Benno und Sven ein Messer.

Nebenan hörte Frieda Mama und Papa.

Ob sie nicht doch mit ihnen reden sollte?

Sie konnten ihr sicher helfen. Frieda stand auf und ging zum Schlafzimmer ihrer Eltern.

Mama und Papa lagen auch schon im Bett.

„Mama?“, rief Frieda leise.

„Frieda“, sagte Mama. „Was ist denn los?“

„Nichts …“, stammelte Frieda. „Ich dachte nur …“

Sie drehte sich um. „Ich muss mal“, murmelte sie und ging schnell ins Bad.

Kurz darauf lag sie wieder in ihrem Bett.

Vielleicht war es besser, mit niemandem über das alles zu reden. Außer mit ihrer Freundin Lisa und mit Tom. Denn der steckte bestimmt nicht mit Benno und Sven unter einer Decke.

Fortsetzung folgt

1. Frieda hat einen Brief an ihre Freundin Anna in Australien geschrieben. Vervollständige den Brief.

im Geheimbaum – große Angst – Tom – Frieda – weggelaufen – keine Sorgen – aufhören sollen

Liebe Anna,

ich saß heute mit Lisa ______________________ .

Wir haben gesehen, wie Benno und Sven ________ verprügelt haben. Ich habe gerufen, dass sie ______________________________ . Da sind die beiden ______________________ . Ich bin stolz, dass ich so mutig war. Aber ich habe auch ____________________________ , dass die Jungen mich nun auch verprügeln wollen. Mach dir aber ____________________ . Ich werde vorsichtig sein.

Liebe Grüße

deine ____________________

2. Lisa findet einen Zettel. Was steht darauf?
   a) Lies die beiden Wörter auf dem Zettel.

   b) Schreibe die Wörter richtig auf.

   c) Was sagt Lisa, als sie den Zettel liest?
   Kreuze den richtigen Satz an.

☐ „Das ist eine Tankstelle!“

☐ „Das ist ein Schrottplatz!“

3. Was passiert auf einem Schrottplatz?
   a) Lies den Sachtext auf dieser und der nächsten Seite oder höre ihn dir an. Audio

Was ist ein Schrottplatz?

Alte und kaputte Gegenstände aus Metall nennt man Schrott. Schrott wird auf einem besonderen Platz, dem **Schrottplatz**, gesammelt und sortiert. Aus dem Schrott wird **neues Metall** hergestellt.

Alte Autos stehen auch auf dem Schrottplatz. Sie **enthalten viel Metall** und andere Teile, die man noch gebrauchen kann. Das nennt man „Verwertung“. Deshalb ist **Autoverwertung** ein anderer Name für einen Schrottplatz.

b) Was hast du im Sachtext erfahren?
Sind die Sätze richtig oder falsch?
Kreuze an.

	richtig	**falsch**
Als Schrott werden alte Dinge aus Holz bezeichnet.	☐	☐
Schrott ist altes Metall.	☐	☐
Schrott wird verbrannt.	☐	☐
Aus Schrott wird neues Metall hergestellt.	☐	☐
Alte Autos sind kein Schrott.	☐	☐
Alte Autos können als Schrott in die Autoverwertung kommen.	☐	☐

4. Frieda hilft Tom. Sie bringt sich dadurch aber auch selbst in Gefahr.
Wie findet ihr Friedas Verhalten?
Sprecht darüber.
Begründet eure Meinung.

Haltepunkt: gemeinsam arbeiten

1. **Frieda überlegt immer wieder, ob sie mit ihren Eltern darüber sprechen soll, dass Benno und Sven sie bedrohen und erpressen. Was könnte Frieda ihren Eltern erzählen? Sammelt gemeinsam Ideen. Schreibt dazu Stichpunkte an die Tafel. Die Vorschläge im Kasten können euch helfen.**

> Bastians Fernglas Tom geliehen –
> Benno und Sven: bedrohen Lisa und mich –
> kleiner Junge: klaut im Kaufhaus – ...

2. **Bildet Dreier-Gruppen und bereitet ein Rollenspiel vor.**
   a) **Lest eure Stichpunkte aus Aufgabe 1 und überlegt gemeinsam:**
   - Was genau erzählt Frieda ihren Eltern?
   - Was könnte Friedas Mutter sagen?
   - Was könnte Friedas Vater sagen?

   b) **Schreibt das Gespräch auf. Ihr könnt so beginnen:**

   Frieda: Mama, Papa? Ich muss mit euch reden. Ich habe ein Problem.
   Mutter: Geht es dabei um Bastians Fernglas?

Frieda: Ja, aber nicht nur. Mit dem Fernglas hat alles angefangen. Ich habe es Tom geliehen.
Vater: ...

3. a) Verteilt die drei Rollen: Friedas, Friedas Mutter, Friedas Vater.
b) Spielt euer Gespräch in der Klasse vor oder lest es vor.

4. Sprecht über eure Gespräche:
- Wird Friedas Problem klar?
- Wird klar, wie die Eltern Frieda helfen möchten?

5. Sprecht in der Klasse über diese Fragen:
- Frieda könnte auch mit anderen Personen darüber reden, dass sie bedroht und erpresst wird. Wem könnte sie davon erzählen?
- Wie können sich Kinder und Jugendliche verhalten, wenn sie bedroht und erpresst werden? Sammelt Vorschläge.

Kapitel 9: Von einer Entdeckung

Audio

Frieda und Lisa fuhren mittags nach der Schule mit dem Bus bis zur Endstation. „Dahinten ist der Schrottplatz“, sagte Frieda und zeigte auf ein Tor. Vorsichtig näherten sich die Mädchen. Das Tor war verschlossen. Weit und breit war niemand zu sehen. Der Schrottplatz war nicht besetzt. Durch den Zaun sahen die beiden alte Autoteile. Sie gingen ein Stück am Zaun entlang und entdeckten schließlich ein Loch. Sie sahen sich kurz um, dann krochen sie hindurch.

Am Ende des Platzes stand eine kleine Baracke. Geduckt liefen sie dorthin. An der Tür blieben sie stehen und lauschten. Alles war still. Frieda drückte die Türklinke herunter. „Mist“, schimpfte sie leise. „Die Tür ist abgeschlossen.“ Lisa legte ihre Hände zur Räuberleiter ineinander. „Los, guck mal durch das Fenster da“, schlug sie vor. „Schnell! Bevor jemand kommt!“ Frieda stieg hoch und sah durch das Fenster. „Ich werde verrückt!“, stieß sie aus. „Da drinnen liegen jede Menge Uhren auf einem Tisch. Schmuck und Handtaschen sehe ich auch!“ Frieda holte tief Luft. „Da ist auch Bastians Fernglas!“ „Dann nichts wie weg hier“, flüsterte Lisa. „Wir haben erst mal genug gesehen.“

Als Frieda nach Hause kam, stand Lena im Flur. Lena war Bastians Freundin. Das sah Frieda sofort. Lena lächelte und redete mit Mama. Bastian lächelte auch. Dann verabschiedeten sich die beiden und gingen Hand in Hand davon. Frieda prustete los. Das war komisch mit der Liebe! Bastian war seit ein paar Tagen ganz anders. Richtig nett war er. Vielleicht konnte er ihr ja helfen? Frieda fragte sich aber auch, ob sie Mama und Papa nicht doch endlich alles erzählen sollte. Das alles war mehr als ein Spiel. Das war jetzt klar.

Die Sachen in der Baracke waren bestimmt gestohlen. Aber was sollten Mama und Papa schon tun? Und richtige Beweise hatten Frieda und Lisa ja noch nicht. Nein, sie wollten sich weiter selbst um alles kümmern.

„Wir brauchen Beweisfotos“, sagte Lisa zwei Tage später. Sie hatte ihren Fotoapparat mit in die Schule gebracht. Am Nachmittag fuhren die Mädchen noch einmal mit dem Bus zum Schrottplatz. Diesmal stand ein Mofa am Zaun. Es sah aus wie Mannis Mofa. Frieda und Lisa klopfte das Herz. Doch auch diesmal war niemand zu sehen. Die beiden schlichen zur Baracke. Sie stellten sich ganz dicht unter das Fenster. Plötzlich hörten sie Stimmen. In der Baracke redeten mehrere Jungen durcheinander. Die Stimmen von Benno und Sven waren auch dabei. Die Mädchen hielten die Luft an. Einer der Jungen sagte: „Tom muss verschwinden. Sonst macht er uns noch alles kaputt! Nicht mal die Prügel haben ihm Angst eingejagt. Dann müssen wir uns eben etwas anderes überlegen.“
„Wie wäre es mit einer kleinen Entführung?“, sagte jemand.
„Oder wenn ihm einfach ein Unfall passiert?“, fragte ein anderer Junge.

Eine vierte Stimme sagte: „Oder wir erzählen Tom, dass die Kleinen dran sind, wenn er was macht.“ Dann redeten alle durcheinander. Frieda konnte kaum noch etwas verstehen. Plötzlich war von den Mädchen die Rede. Die wurden ihnen langsam unbequem. Für die mussten sie sich auch noch etwas ausdenken. Frieda kniff Lisa vor Schreck in den Arm. Wieder sprachen die Jungen alle gleichzeitig. Als es leiser wurde, konnten Frieda und Lisa hören, dass es um eine Ladung ging. Diese Ladung wollten die Jungen morgen pünktlich übergeben. „Lass uns verschwinden“, flüsterte Lisa leise in Friedas Ohr. Frieda hätte gern noch länger gelauscht, aber sie wollte natürlich nicht, dass die Bande sie hier erwischte. Schritt für Schritt schlichen die Mädchen weg von der Baracke. Zuerst gingen sie ganz langsam. Dann rannten Frieda und Lisa so schnell sie konnten über den Platz davon.

Fortsetzung folgt

1. Im Text kommen diese schwierigen Wörter vor:
die Baracke und **die Räuberleiter**.
Was ist eine Baracke? Was ist eine Räuberleiter?
a) Finde die Wörter im Text auf Seite 63 und markiere sie.
b) Verbinde die Wörter mit den Erklärungen.

die Räuberleiter	die Baracke
So nennt man ein sehr einfaches Haus, zum Beispiel aus Holz. Man kann es in kurzer Zeit auf- und abbauen.	So nennt man eine bestimmte Haltung der Hände. Auf diese Weise hilft man einer anderen Person, zu klettern.

c) Sieh dir die beiden Bilder an.
Schreibe die Wörter richtig unter die Bilder.

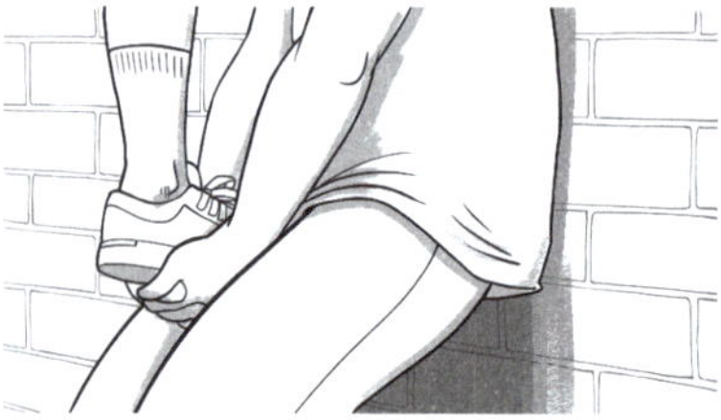

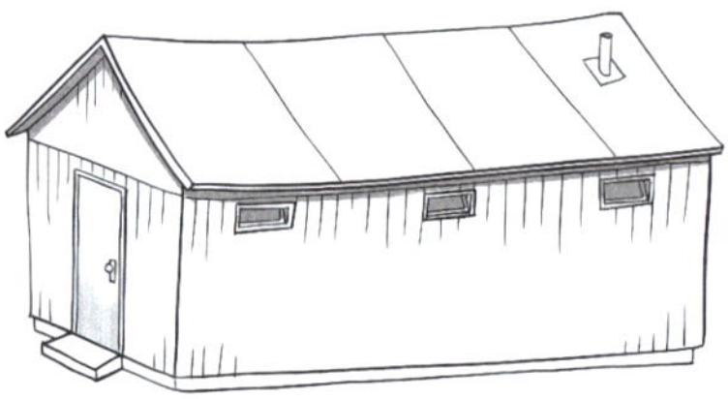

2. Auf dem Schrottplatz schaut Frieda durch das Fenster in die Baracke hinein.

   a) Welche Gegenstände sieht sie?
   Schreibe die Nomen (Namenwörter) mit dem bestimmten Artikel auf die Linien.
   Tipp: Lies noch einmal Seite 63.

   b) Welche Gegenstände nennt Frieda nicht?
   Sieh dir das Bild genau an.
   Streiche die Gegenstände durch.

3. **Was passiert, als Frieda nach Hause kommt? Ergänze die Sätze.**

Frieda trifft im Flur auf Lena. Lena ist

die Freundin von ______________ .
Bastian / Tom

Seit ein paar Tagen verhält er sich anders

als sonst. Er ist viel ______________
netter / gemeiner

geworden. Frieda fragt sich, ob er ihr

vielleicht ______________ kann.
Geld leihen / helfen

4. **Frieda wird etwas klar. Was genau?**
   a) **Finde die passende Stelle im Text und markiere sie.**

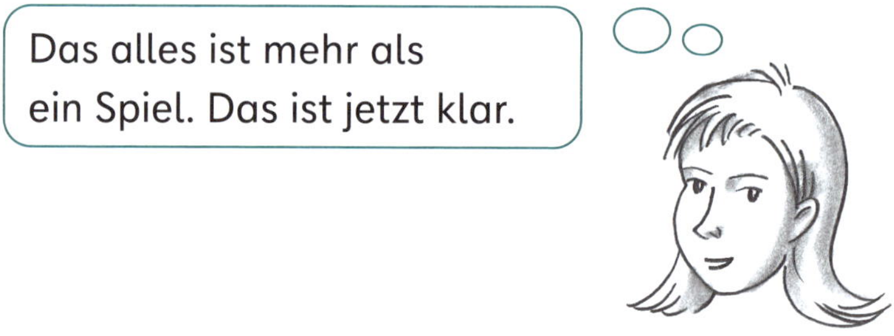

b) **Kreuze den richtigen Satz an.**

- ☐ Die Jungen aus der Bande spielen nicht nur, sie sind wirklich gefährlich.
- ☐ Das Spiel mit der Bande wird richtig spannend.

5. Frieda und Lisa fahren noch einmal zum Schrottplatz. Dort belauschen sie ein Gespräch zwischen mehreren Jungen. Was erfahren sie? Kreuze die richtigen Aussagen an.

- ☐ Die Jungen haben Tom in der Baracke eingesperrt.
- ☐ Die Jungen wollen Tom und die Mädchen einladen.
- ☐ Die Jungen wollen etwas gegen Tom und die Mädchen unternehmen.
- ☐ Die Jungen wollen Tom verprügeln.
- ☐ Die Jungen wollen am nächsten Tag eine Ladung übergeben.
- ☐ Die Jungen wollen am nächsten Tag eine Ladung abholen.

6. Die Jungen reden über eine **Ladung**. Was meinen sie wohl damit? Markiere den richtigen Satz.

Die Jungen meinen die gestohlenen Sachen.

Die Jungen meinen eine Ladung Schrott.

Kapitel 10: Von einem Plan

Audio

„Tag!“, sagte jemand, als Frieda die Haustür aufschloss. Erschrocken drehte sie sich um.

„Tom! Was machst du denn hier?“

„Ich wollte mit dir reden“, sagte Tom. „Ich brauche deine Hilfe.“

„Ich muss dich auch sprechen“, sagte Frieda.

Sie erzählte ihm, was sie und Lisa unter dem Fenster der Baracke mit angehört hatten.

Tom murmelte: „Klingt nicht witzig.“ Er biss sich auf die Lippe. „Helft ihr mir trotzdem?“

Frieda antwortete nicht gleich. Sie dachte an das Messer von Sven.

„Jemand muss doch etwas tun. Manni und die anderen aus der Bande zwingen Jüngere, für sie im Kaufhaus zu stehlen“, sagte Tom.

Frieda schluckte. „Deshalb hat der kleine Rothaarige im Kaufhaus gestohlen“, sagte sie. „Wir haben ihn beobachtet.“

„Das war bestimmt Pitti“, sagte Tom. „Und für morgen ist also die Übergabe der Ladung geplant.“

„Warum kennst du die Jungen aus der Bande eigentlich alle?“, fragte Frieda und sah Tom neugierig an.

„Ich habe so getan, als ob ich zur Bande gehöre. Ich wollte etwas gegen Manni und die anderen unternehmen. Deshalb habe ich mir auch das Fernglas geliehen. Aber sie haben mich erwischt, als ich sie beobachtet habe.“

„Und du hast so getan, als ob du das Fernglas für sie gestohlen hättest, oder?“, sagte Frieda.

Tom nickte.

„Weißt du denn, was die mit den gestohlenen Sachen machen?“, fragte sie.

„Die verkauft Manni. Aber jetzt ist Schluss damit. Ich habe nämlich einen Plan. Machst du mit?“

„Mit mir kannst du rechnen“, sagte Frieda. Aber ihre Stimme zitterte leicht. „Und Lisa hilft uns bestimmt auch. Schließlich muss ja etwas geschehen, damit das Ganze mal aufhört.“

Dann besprachen sie Toms Plan. Er wusste gut über die Bande Bescheid, denn er hatte ja für eine Weile so getan, als ob er dazugehörte. Frieda und Lisa sollten Pitti morgen an der Schule abfangen und zu Lisa nach Hause bringen. Pitti war dann ihre Sicherheit. Falls etwas schiefging, konnte er der Polizei alles erzählen.

Die Bande sammelte in der Baracke gestohlene Sachen und verkaufte sie weiter. Morgen wollten die Jungen wieder eine Ladung von Sachen an einen Käufer übergeben. So eine Übergabe machten immer nur Manni und Alex. Aber Tom wollte die ganze Bande auf einmal erwischen. Deshalb wollte er alle Mitglieder anrufen und dabei seine Stimme verändern, damit sie ihn nicht erkannten. Er wollte ihnen sagen, dass sie sich bereithalten sollten.

Dann mussten Tom und Frieda nur noch zum Schrottplatz fahren und warten. In der Nähe gab es eine Telefonzelle. Von dort aus wollten sie Lisa anrufen, wenn die Übergabe begann. Sie hatten ja kein Handy und wussten auch nicht genau, wann die Übergabe sein sollte. Lisa musste die Jungen aus der Bande dann schnell anrufen und ihnen Bescheid sagen, damit sie alle zum Schrottplatz kamen. Und die Polizei sollte Lisa natürlich auch anrufen.

Die Polizisten konnten dann gleich die ganze Bande festnehmen.

„Der Plan ist nicht schlecht, oder?“, fragte Tom.

Frieda überlegte. „Aber wenn Lisa die Jungen anruft, dann glauben sie ihr vielleicht nicht. Lisa ist schließlich ein Mädchen. Und das hört man garantiert auch, wenn sie ihre Stimme verändert.“

„Das stimmt“, sagte Tom.

Für eine Weile sagten sie nichts und dachten nach.

Dann hatte Frieda eine Idee.

Am Abend redete Frieda mit ihrem Bruder Bastian.

Sie sagte ihm, dass sie, Lisa und Tom ihn brauchten. Und dass es um eine geheime und sehr gefährliche Sache ging.

Zuerst guckte Bastian nur und grinste. Aber als Frieda sein Fernglas erwähnte, wurde er neugierig.

Da erzählte Frieda ihm alles. Sie erklärte ihm auch genau, was er tun sollte.

Bastian versprach ihr schließlich, mitzumachen und niemandem davon zu erzählen.

Fortsetzung folgt

1. Frieda erzählt Tom, was sie vor der Baracke gehört hat. Aber sie ist aufgeregt und bringt einiges durcheinander.
   a) Nummeriere Friedas Sätze in der richtigen Reihenfolge.
   Tipp: Lies in Kapitel 9 auf den Seiten 64 und 65 die Zeilen 53 bis 75 noch einmal genau durch.

Was die Bande gesagt hat

- [ ] Sie haben sogar von Entführung und von einem Unfall gesprochen!
- [ ] Dann haben die Jungen über Lisa und mich geredet – die wollen uns was tun!
- [1] Einer der Jungen hat gesagt, dass du der Bande alles kaputtmachst.
- [ ] Außerdem hat die Bande über eine Ladung gesprochen.
- [ ] Die Jungen haben darüber geredet, was sie mit dir machen wollen.
- [ ] Der Junge war erstaunt, weil die Prügel dir keine Angst gemacht haben.

   b) Schreibe Friedas Sätze richtig in dein Heft. Denke auch an die Überschrift.

2. Tom redet mit Frieda über die Bande.
Was hast du aus dem Gespräch erfahren?
a) Lies die Sätze.
b) Kreuze die richtigen Sätze an.

- ☐ Tom hat so getan, als ob er zur Bande gehört. **P**
- ☐ Tom hat lange Zeit zur Bande gehört. **B**
- ☐ Die Bande zwingt Benno und Sven dazu, im Kaufhaus zu stehlen. **A**
- ☐ Die Bande zwingt jüngere Kinder dazu, im Kaufhaus zu stehlen. **L**
- ☐ Der Anführer der Bande ist Manni. **A**
- ☐ Der Anführer der Bande ist Sven. **U**
- ☐ Die Bande verkauft die gestohlenen Sachen. **N**
- ☐ Die Bande verschenkt die gestohlenen Sachen. **M**

c) Lies die Buchstaben hinter den richtigen Sätzen von oben nach unten.
Sie ergeben ein Lösungswort.
Trage es hier ein:

Tom hat einen ☐☐☐☐.

3. Tom und Frieda wollen etwas gegen die Bande unternehmen.
Wie sieht ihr Plan aus? Vervollständige ihn.
Tipp: Lies noch einmal die Seiten 72 und 73.

zum Schrottplatz – die Jungen aus der Bande – mit veränderter Stimme – die Polizei – die Übergabe

Der Plan gegen die Bande

Zuerst fangen die Mädchen Pitti vor der Schule ab. Sie bringen ihn zu Lisa nach Hause. Dann ruft Tom alle Jungen aus der Bande an. Er sagt ihnen ______________________________, dass sie sich bereithalten sollen. Frieda und Tom fahren ____________________, verstecken sich dort und warten ab. Wenn ____________________ beginnt, rufen sie aus einer Telefonzelle Lisa an. Lisa ruft ______________________________ an, damit sie alle zum Schrottplatz kommen. Danach ruft Lisa ______________ an.

4. Tom und Frieda wollen Lisa von einer Telefonzelle aus anrufen.

a) Lies den Sachtext oder höre ihn dir an. Audio

Was ist eine Telefonzelle?

Früher hatten nur wenige Leute ein Handy. Aber es gab überall Telefonzellen. Das waren kleine Häuschen mit einem Telefon darin. Eine Person, die unterwegs telefonieren wollte, ging in das Häuschen, hob den Hörer ab und steckte Geld in das Telefon. Dann tippte sie die Nummer ein und konnte telefonieren.

b) Was brauchen Tom und Frieda, wenn sie eine Telefonzelle benutzen wollen? Markiere es im Sachtext. Schreibe dann die Antwort in einem vollständigen Satz auf.

5. Frieda will den Plan verbessern. Wen bittet sie am Abend um Hilfe? Kreuze an.

☐ ihre Eltern ☐ ihren Bruder ☐ ihre Lehrerin

Kapitel 11:
Von einer Plan-Änderung

Audio

Lisa und Frieda warteten vor der Grundschule. Als Pitti mit seinem Fahrrad aus dem Tor kam, versperrten sie ihm den Weg.
„Benno und Sven haben uns geschickt“, log Lisa. „Wir sollen dich zu ihnen bringen“.
„Ja, aber ...“, sagte Pitti und sah sie ängstlich an. „Ich besorge ihnen ja alles, was sie wollen. Und

wenn mich jemand schnappt, verrate ich nichts. Ich sage wirklich kein einziges Wort.“

„Schon gut. Komm einfach mit“, sagte Frieda.

Lisa fasste ihn vorsichtig am Arm an. „Wir tun dir nichts.“

Pitti zögerte kurz, dann ging er mit den Mädchen. Sein Fahrrad schob er neben sich her. Frieda und Lisa gingen links und rechts von ihm. Sie passten auf, dass er nicht weglief. Endlich kamen sie bei Lisa an.

„Du wartest mit Lisa hier, bis Benno und Sven da sind“, sagte Frieda. „Ich muss noch mal weg.“

Sie zwinkerte Lisa zu und lief eilig davon. Als sie um eine Ecke bog, blieb sie plötzlich stehen. Am Ende der Straße sah sie Benno und Sven. Sie hatten Tom in ihre Mitte genommen und schienen ihn festzuhalten. Dann führten sie Tom fort. Frieda versuchte, den Jungen heimlich zu folgen. Aber an einer Kreuzung waren sie auf einmal verschwunden. Sie hatte sie verloren. Frieda sah sich voller Schreck um. Was sollte sie jetzt tun? Sie wollte Tom helfen, aber Benno und Sven waren gefährlich. Außerdem wusste sie ja nicht einmal, wo die beiden Tom hinbrachten. Oder nahmen sie ihn später zur Baracke mit? Frieda überlegte.

Ich muss den Plan allein ausführen, dachte sie. Wenn die Bande erwischt wird, ist Tom sicher bald wieder frei. Doch dann kamen ihr auch Zweifel. Vielleicht ist es zu gefährlich, allein weiterzumachen ... Egal, ich muss es einfach tun, dachte sie.

Friedas Herz klopfte immer schneller. Vorsichtig sah sie sich am Schrottplatz um. Sie konnte aber niemanden entdecken. Gleich hinter dem Zaun vom Schrottplatz standen ein paar alte Garagen [garaaschen]. Wenn Frieda es auf eines der Dächer schaffte, konnte sie den ganzen Platz sehen und war selbst geschützt. Frieda kletterte auf einen Baum. Von dort aus erreichte sie das Dach einer Garage. Sie kroch bis zum Rand, legte sich auf den Bauch und schaute hinunter. Jetzt musste sie nur noch warten. Da sah sie die Telefonzelle gegenüber vom Schrottplatz. Von dort konnte sie Lisa anrufen und ihr erzählen, was passiert war! Auf der Straße war niemand zu sehen. Frieda kroch über das Garagen-Dach zurück zu dem Baum und kletterte hinunter. Sie lief zur anderen Straßenseite. Vielleicht hatte Lisa ja eine Idee, wie sie Tom helfen konnten.

Fortsetzung folgt

1. **Bei dem Plan geht etwas schief.**
   Wer wird von wem weggeführt?

   a) Lies den Text.

   Pitti wird von Frieda und Lisa weggeführt.
   Er schiebt sein Rad. Lisa ist rechts von ihm.
   Frieda geht an seiner linken Seite.
   Tom wird von Benno und Sven weggeführt.
   Benno geht links von Tom, Sven rechts.

   b) Sieh dir die Bilder genau an.
   Schreibe die richtigen Namen auf die Linien.

2. Frieda überlegt, ob sie Toms Plan allein ausführen soll.

   a) Was spricht dafür? Was spricht dagegen? Vervollständige die beiden Denkblasen. Tipp: Lies noch einmal Seite 80.

Wenn die Bande erwischt wird,

____

____.

Vielleicht ist es zu gefährlich,

____

____.

   b) Welchem Gedanken stimmst du zu? Zeichne den Rand dieser Denkblase nach.

3. Frieda fährt allein zum Schrottplatz.
   Was tut sie dort? Male das Bild fertig.
   Tipp: Lies noch einmal Seite 80.

4. Frieda will den Plan allein ausführen.
   Findet ihr das richtig?
   Sprecht darüber.
   Begründet eure Meinung.

Kapitel 12: Von einer Verfolgung

Audio

Frieda betrat die Telefonzelle. Ihr Herz raste. Wenn jetzt jemand von der Bande kam, sah es nicht gut für sie aus! Schnell warf sie Geld ein, wählte Lisas Nummer und wartete. Endlich meldete Lisa sich. „Hallo, Lisa! Sven und Benno haben Tom gefangen. Was sollen wir jetzt tun?“ „Tom braucht Hilfe“, sagte Lisa. „Und wir auch.“ „Ruf meinen Bruder an!“, rief Frieda. „Bitte ihn um Hilfe. Ich habe keine Zeit mehr. Ich muss weg!“ Frieda legte auf und trat aus der Telefonzelle.

Dann blieb ihr fast das Herz stehen.
Auf der anderen Straßenseite standen Benno und Sven und sahen zu ihr herüber.
Frieda rannte los. Sie lief so schnell wie noch nie.
Benno und Sven rannten hinter ihr her. Sie hörte ihre Rufe und ihre Schritte.
Am Ende der Straße bog Frieda um eine Ecke.
Im nächsten Moment entdeckte sie ein Tor, das halb offen stand. Ohne zu zögern, schlüpfte sie hindurch.
Schnell zog sie das Tor zu und versteckte sich.
Frieda hielt die Luft an.
Die Schritte von Benno und Sven kamen näher und näher. Dann wurden sie wieder leiser.
Zum Glück, dachte Frieda, sie laufen vorbei.
Dann war es still.
Friedas Herz hämmerte wild, aber sie atmete auf.
Sollte sie wieder zum Schrottplatz zurückgehen?
Nein. Die Sache wurde ihr jetzt doch zu gefährlich.
Sie wollte so schnell wie möglich zurück zu Lisa.

„Frieda!“, rief Lisa erleichtert, als Frieda vor ihrer Tür stand.
„Ich hatte diesmal wirklich Glück“, sagte Frieda und erzählte aufgeregt, was passiert war.
Dann sah sie sich um. „Wo ist Pitti?“
Lisa senkte den Kopf. „Der ist mir abgehauen.
Ich bin nur mal kurz aufs Klo …“

„Und Bastian? Hast du ihn angerufen?“, fragte Frieda.

„Ja. Er hat die Polizei verständigt und zum Schrottplatz geschickt.“

Lisa und Frieda überlegten, was sie nun tun sollten.

Da klingelte es plötzlich an der Tür. Lisa öffnete.

Völlig außer Atem stand Tom vor ihnen.

„Tom! Wo kommst du denn auf einmal her?“, rief Frieda.

„Aus Bennos Keller“, murmelte er.

Benno und Sven hatten ihn an Händen und Füßen gefesselt. Dann hatten sie ihm einen Knebel in den Mund gesteckt. Deshalb konnte er nicht einmal um Hilfe schreien.

„Und wie bist du da rausgekommen?“, fragte Lisa.

„Bennos Vater hat mich gefunden. Der hat mich befreit“, sagte Tom.

Frieda und Lisa erzählten Tom, was inzwischen passiert war – auch, dass Pitti weg war.

Die drei beschlossen, nach Pitti zu suchen.

Sie liefen die Treppe hinunter. Auf der Straße stand Pittis Fahrrad noch an seinem Platz. Er konnte also nicht weit gekommen sein. Die drei suchten überall, aber sie fanden Pitti nicht. Da hatte Lisa eine Idee:

„Vielleicht hat er das Haus ja gar nicht verlassen.“

Fortsetzung folgt

1. Die Ereignisse rund um die Bande werden immer aufregender. Was passiert?
   a) Ergänze die Zusammenfassung.
   b) Finde eine passende Überschrift für die Zusammenfassung. Schreibe sie auf die Linie darüber.

versteckt sich – die Polizei – Bastian – Tom – Benno und Sven – abgehauen ist – die Jungen

____

Frieda ruft Lisa vom Schrottplatz aus an. Lisa soll ____________ um Hilfe bitten. Als Frieda aus der Telefonzelle tritt, sieht sie ____________. Frieda läuft weg, aber ____________ verfolgen sie. Frieda ____________. Dann fährt sie zu Lisa und erfährt, dass Pitti ____________. Bastian hat ____________ zum Schrottplatz geschickt. Da klingelt es und ____________ steht vor den Mädchen.

2. Was hat Tom erlebt?

a) Lies den Text.

b) Streiche die falschen Wörter durch.

Tom wurde von Benno und Sven geschlagen / gefesselt / getreten.

Sie haben ihm einen Apfel / Knebel / Lutscher in den Mund gesteckt.

Bennos Bruder / Vater / Onkel hat Tom im Keller gefunden.

Er hat Tom beschimpft / begrüßt / befreit.

3. Ein Knebel, ein zusammengedrehtes Tuch, hindert Tom daran, um Hilfe zu schreien. Auf welchem Bild ist Tom mit Knebel zu sehen? Kreuze es an.

☐ 

☐ 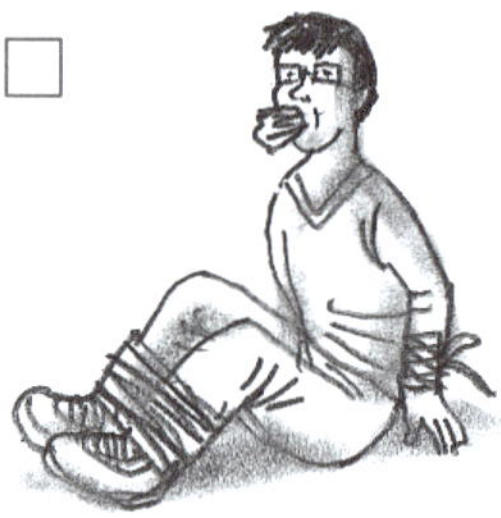

☐ 

4. Frieda läuft so schnell wie noch nie, um Benno und Sven zu entkommen. Welche anderen Verben (Tuwörter) bedeuten auch, dass jemand schnell läuft? Kreise sie ein.

rasen schleichen sprinten spazieren

schlendern sausen bummeln spurten

flitzen trödeln kriechen rennen

5. Als Frieda zurück zu Lisa kommt, ist Pitti verschwunden. Warum kann er noch nicht weit weg sein? Schreibe einen vollständigen Satz auf. Tipp: Lies noch einmal Seite 86 ab Zeile 56.

Auf der Straße

6. Warum ist Pitti wohl weggelaufen? Sprecht darüber.

Kapitel 13: Von Pittis Rettung

Audio

Frieda, Lisa und Tom gingen zurück ins Haus.
„Wenn Pitti hier ist, dann wahrscheinlich auf dem Dachboden“, sagte Lisa leise.
Die drei schlichen die Treppe hinauf bis unter das Dach. An der Tür zum Dachboden lauschten sie.
Alles war still. Lisa öffnete leise die Tür.
„Nein!“, schrie plötzlich jemand. Es war Pitti.
„Nicht näherkommen!“, rief Pitti nun. Er stand am geöffneten Dachfenster.

Frieda trat vorsichtig einen Schritt auf ihn zu. Sie wollte Pitti beruhigen.

„Nicht! Stehen bleiben!“, rief Pitti und kletterte auf den Fensterrahmen.

„Hab keine Angst! Wir tun dir doch nichts!“, sagte Frieda. Sie hatte einen ganz trockenen Mund.

„Aber die anderen!“ Pitti weinte. „Die tun mir was Schreckliches an. Das haben sie gesagt!“

„Niemand tut dir was“, sagte Lisa. Sie war ganz weiß im Gesicht.

Tom sagte: „Außerdem werden Manni und die anderen gerade von der Polizei geschnappt. Es kann dir also nichts mehr passieren.“

„Aber dann komme ich doch ins Gefängnis“, jammerte Pitti.

„Unsinn!“, rief Tom.

Frieda überlegte, ob sie zum Fenster springen und Pitti einfach packen sollte. Aber vielleicht fiel er dann vom Dach. Sie traute sich nicht.

„Komm bitte wieder rein!“, sagte sie nur. Ihre Knie waren weich wie Pudding.

Pitti heulte nur noch.

Lisa ging nun ganz langsam auf ihn zu und nahm ihn bei der Hand.

„Ist ja gut“, sagte sie tröstend.

Alle atmeten auf.

Etwas später rief Frieda ihren Bruder an.

„Fahrt zur Polizeistation“, sagte Bastian. „Sie erwarten euch schon.“

Auf dem Weg zur Polizei kam sich Frieda vor wie in einem Krimi. Sie wusste nur leider nicht, ob der Krimi gut ausging.
In der Polizeistation führte ein Polizist die Kinder in ein kleines Büro. Er rief eine Polizistin aus dem Nebenzimmer dazu und sagte zu Frieda: „Weil dein Bruder uns angerufen hat, konnten wir zwei Jungen aus der Bande und den Abholer erwischen und festnehmen. Sie packten gerade die gestohlenen Sachen in ein Auto.
Nach den anderen aus der Bande suchen wir noch. Aber wir haben ihre Telefonnummern. Deshalb kann es nicht mehr lange dauern, bis wir sie auch gefunden haben.“
Frieda, Lisa und Tom sahen sich erleichtert an.
Nur Pitti saß da und rührte sich nicht.

Fortsetzung folgt

1. Pitti klettert vor Angst aus dem Dachfenster. Warum hat Pitti wohl so große Angst vor Frieda, Lisa und Tom? Ergänze den Satz.

Pitti hat Angst, weil er glaubt, die drei gehören

______________________ und wollen ihm wehtun.

zur Polizei / zur Bande

2. Wovor hat Pitti noch Angst? Schreibe es auf. Tipp: Lies noch einmal Seite 91.

Pitti hat Angst, dass ______________________

______________________.

Pitti befürchtet, dass er ______________________

______________________.

3. Was erfahren die Kinder bei der Polizei? Beantworte die Fragen in Stichworten.

- Wen hat die Polizei auf dem Schrottplatz erwischt?

____

____

- Nach wem sucht die Polizei noch?

____

4. Die älteren Jungen aus der Bande haben Pitti dazu gezwungen, für sie zu stehlen. Das nennt man **Nötigung**.

   a) Lies den folgenden Sachtext oder höre ihn dir an.

Audio

Nötigung

Wenn jemand **mit Gewalt** oder **durch Drohungen** einen anderen Menschen zwingt, etwas zu tun, was dieser nicht tun möchte, ist das **Nötigung**. Nötigung ist **verboten** und kann bestraft werden. Wenn ein Kind genötigt wird, etwas zu tun, was es nicht möchte, sollte es unbedingt seinen **Eltern** oder der **Polizei** davon erzählen.

   b) Was hast du im Sachtext erfahren? Ergänze die Sätze.

Wenn ein Kind zum Stehlen gezwungen wird,

ist das ______________________________ .

Es ist ______________________, Kinder zu nötigen.

Das Kind sollte dann seinen ____________________

oder der ______________________ davon erzählen.

5. **Frieda, Tom und Lisa sprechen mit den Polizisten. Sie möchten wissen, ob Kinder ins Gefängnis kommen können.**

a) Lies das Gespräch.

Frieda:
Können Kinder ins Gefängnis kommen?

der Polizist:
Nein. Kinder, die jünger als 14 Jahre sind, können nicht ins Gefängnis kommen.

Tom:
Werden Kinder für Straftaten denn nicht bestraft?

die Polizistin:
In der Regel nicht. Aber die Eltern und Mitarbeiter vom Jugendamt überlegen zusammen, was für das Kind gut ist, damit es keine weitere Straftat, wie etwa Diebstahl oder Nötigung, begeht.

Lisa:
Was hätte Pitti denn tun sollen, als er das erste Mal zum Stehlen genötigt wurde?

der Polizist:
Er hätte der Polizei sofort von der Nötigung erzählen sollen. Aber auch später ist es wichtig, einen Fehler zuzugeben. Vielleicht kann man sogar helfen, ein Verbrechen aufzudecken.

b) Pitti geht in die erste Klasse der Grundschule. Er hat für die Bande gestohlen. Warum kann er trotzdem nicht ins Gefängnis kommen? Ergänze den Satz.

Pitti ist ______________________________,

deshalb kann er nicht ins Gefängnis kommen.

c) Welches Amt kümmert sich um den Schutz von Kindern? Kreuze an.

- ☐ das Sozialamt
- ☐ das Jugendamt
- ☐ das Arbeitsamt
- ☐ das Postamt

d) Was hätte Pitti tun sollen, als die Bande ihn zum ersten Mal zwang, für sie zu stehlen? Schreibe einen vollständigen Satz auf.

Kapitel 14: Von einer Feier

Audio

Frieda, Lisa und Tom erzählten der Polizei schließlich alles, was sie wussten. Sie waren sogenannte Zeugen. Frieda und Lisa berichteten von Benno und Sven und ihren Drohungen. Schließlich erzählte auch Pitti alles. Er saß vor dem Polizisten, schluckte und redete ganz leise. „Manni, Alex, Sven und Benno haben mich bedroht.

Immer wieder. Meinen Freund haben sie auch bedroht. Und noch ein paar andere aus der ersten Klasse. Sie haben uns gezwungen, für sie zu stehlen. Wir konnten nichts dagegen tun."

Pitti schluckte tapfer die Tränen hinunter.

Da klingelte plötzlich das Telefon. Der Polizist telefonierte kurz. Dann sagte er: „Die anderen Jungen aus der Bande wurden nun ebenfalls festgenommen. Sie werden gleich hergebracht. Ihr müsst uns dann sagen, ob das die Jungen sind, die euch bedroht, erpresst oder genötigt haben. Das wäre uns eine große Hilfe."

Frieda hatte vor Aufregung feuchte Hände.

„Ihr braucht keine Angst zu haben", erklärte der Polizist. „Ihr steht hinter einer Scheibe, durch die man euch nicht sehen kann. Euch wird nichts mehr passieren. Dafür sorgen wir schon."

Später kamen die Eltern der Kinder.

Friedas Eltern weinten, als sie Frieda sahen.

„Kind", sagte Friedas Vater, „mach so etwas bitte nicht noch einmal! Warum hast du nicht mit uns gesprochen?"

Die Mutter nahm Frieda fest in den Arm und sagte: „Jetzt fahren wir aber erst mal nach Hause."

Frieda war sehr froh, dass ihre Eltern nicht schimpften.

Am nächsten Tag regnete es. Trotzdem saßen Frieda, Lisa und Tom im Geheimbaum. Sie feierten mit Süßigkeiten, dass alles gut ausgegangen war. Endlich war es mit der Angst vorbei. Auch Pitti und die anderen aus seiner Klasse mussten sich nicht mehr fürchten. Besonders glücklich war Frieda darüber, dass sie Bastians Fernglas zurückbekommen hatte. Sie hatte es Bastian überreicht und sich entschuldigt: „Tut mir leid, dass es ein bisschen länger gedauert hat. Aber dafür hast du es ja jetzt wieder.“ Dann hatte sie hinzugefügt: „Jedenfalls vielen Dank für deine Hilfe. Dass ich so einen Bruder habe, hätte ich ja auch nicht gedacht.“ „Schon gut“, hatte Bastian geantwortet. „Wenn du das Fernglas wieder einmal brauchst, dann sag vorher Bescheid!“

Frieda sah zu Lisa und Tom hinüber, die mit ihr im Geheimbaum saßen. Schade, dass Anna in Australien ist und nicht hier, dachte sie. Sie vermisste Anna immer noch. Aber nach Australien wollte sie deshalb nicht. Denn dort gab es keine Lisa und keinen Tom und auch keinen Bastian.

Ende

1. Wie geht die Geschichte zu Ende?
   a) Lies die Sätze.
   b) Kreuze die richtigen Sätze an.

- ☐ Die Kinder gehen zur Polizei. **S**
- ☐ Die Kinder laufen vor der Polizei weg. **T**
- ☐ Pitti erzählt der Polizei alles, was er weiß. **P**
- ☐ Pitti sagt bei der Polizei kein Wort. **R**
- ☐ Die ganze Bande entkommt. **A**
- ☐ Die Polizei erwischt die ganze Bande. **I**
- ☐ Bastian und Frieda streiten sich. **U**
- ☐ Bastian und Frieda verstehen sich gut. **E**
- ☐ Frieda feiert mit Lisa und Tom. **L**
- ☐ Frieda will Anna in Australien besuchen. **M**

   c) Lies die Buchstaben hinter den richtigen Sätzen von oben nach unten.
   Sie ergeben ein Lösungswort.
   Trage es hier ein:

Was Frieda, Lisa und Tom erleben,

ist mehr als ein ☐☐☐☐☐.

2. Die Kinder sagen bei der Polizei als Zeugen aus. Was machen Zeugen?

a) Lies den Sachtext oder höre ihn dir an. Audio

Was sind Zeugen?

Zeugen sind Personen, die etwas **selbst gesehen und gehört** haben. Wenn eine Person zum Beispiel einen Unfall beobachtet hat, dann wird diese Person als Zeuge oder Zeugin von der Polizei befragt. Die **Aussage von Zeugen ist wichtig**, um zu klären, wer Schuld an dem Unfall hatte. **Zeuginnen und Zeugen** können auch dabei **helfen, Verbrechen aufzuklären**.

b) Ergänze den folgenden Satz.

Eine Person ist nur dann ein Zeuge oder eine Zeugin, wenn er oder sie etwas ____________________ ____________________ hat.

c) Welche dieser Personen sagen als Zeuge oder Zeugin bei der Polizei aus? Kreuze an.

- ☐ Pitti
- ☐ Bastian
- ☐ Tom
- ☐ Frieda
- ☐ Manni
- ☐ Lisa

3. Der Titel des Buches lautet **Mehr als ein Spiel**.

a) Überlege: Was bedeutet der Titel wohl? Kreuze die Erklärung an, die deiner Meinung nach am besten passt.

- ☐ Frieda spielt zuerst allein mit dem Fernglas. Dann spielt Tom mit. Außerdem spielt Frieda noch mit ihrer Freundin Lisa im Geheimbaum. Später entführen die Mädchen zum Spiel den kleinen Pitti. Frieda spielt in dem Buch also mehr als ein Spiel.

- ☐ Frieda findet es zuerst sehr aufregend, dass sie in den Ferien etwas erlebt. Die Suche nach Tom und dem Fernglas ist für sie wie ein spannendes Spiel. Aber dann erkennt Frieda: Das ist mehr als ein Spiel, denn sie wird bedroht und erpresst.

- ☐ Frieda vermisst ihre Freundin Anna, die jetzt weit weg wohnt. Aber in den Ferien trifft Frieda Tom und Lisa. Sie erleben ein Abenteuer. Dann sind die Ferien vorbei und Frieda merkt, dass die Schule kein Spiel mehr für sie ist. Alles ist viel schwerer geworden.

b) Vergleicht: Welche Erklärung habt ihr angekreuzt? Sprecht über eure Entscheidung.

Haltepunkt: gemeinsam arbeiten

1. In dem Buch „Mehr als ein Spiel“ geht es um Diebstahl, Erpressung und Nötigung.
   Die Bande von Manni ist richtig gefährlich.
   Es geht in dem Buch aber auch um Freundschaft, um Mut und um Hilfe, wenn jemand Angst hat.
   Sprecht darüber:
   - Findet ihr den Titel für das Buch passend?
     Wenn ja, warum?
     Wenn nein, warum nicht?
   - Welcher andere Titel würde euch für das Buch gefallen? Sammelt eure Titel-Vorschläge an der Tafel.

2. Schreibe hier den Vorschlag auf, der dir am besten gefällt.

3. Am Ende der Geschichte ist Frieda sehr froh, dass sie Lisa und Tom als Freunde und Bastian als Bruder hat.
Wie könnte die Geschichte weitergehen?

a) Überlegt euch Ideen für eine Fortsetzung:
Frieda, Lisa und Tom erleben ein neues Abenteuer. Dabei erhalten sie Hilfe von Bastian.
Die Vorschläge im Kasten können euch helfen.

> Die Freunde retten Lisas Meerschweinchen –
> Die Freunde machen eine aufregende Entdeckung auf dem Schrottplatz –
> Die Freunde erleben ein Abenteuer im Kaufhaus

b) Sammelt eure Ideen an der Tafel.

4. Wählt eine Idee aus Aufgabe 3 aus.
Ihr könnt dazu:

- eine Geschichte schreiben,
- eine Geschichte erzählen und eine Audio-Datei aufnehmen,
- einen Comic zeichnen,
- eine Foto-Story erstellen,
- ...

5. Präsentiert eure Ergebnisse den anderen.
Sprecht darüber.